꼬마탐정 차례로
빛의 산을 찾아라!

꼬마탐정 차례로 빛의 산을 찾아라!

초판 1쇄 인쇄 | 2016년 3월 23일
초판 1쇄 발행 | 2016년 3월 27일

지은이 | 서해경
그린이 | 최선혜
펴낸이 | 나힘찬

마케팅총괄 | 고대룡
책임편집 | 김영주
책임디자인 | 둥글레
인쇄총괄 | 야진북스
유통총괄 | 북패스

펴낸 곳 | 풀빛미디어
등록 | 1998년 1월 12일 제2015-000135호
주소 | 서울시 마포구 월드컵로 65 양경회관 306호
전화 | 02-733-0210
팩스 | 02-6455-2026
전자우편 | sightman@naver.com
이벤트블로그 | blog.naver.com/pulbitmedia

ⓒ 서해경·최선혜, 2016

ISBN 978-89-6734-088-9 74400
ISBN 978-89-6734-087-2 (세트)

• 저작권법에 따라 보호받는 저작물이므로 무단 전재와 복제를 금합니다.
• 책값은 뒤표지에 있습니다.
• 파본은 구매하신 서점에서 바꾸어 드립니다.

「이 도서의 국립중앙도서관 출판예정도서목록(CIP)은 서지정보유통지원시스템 홈페이지(http://seoji.nl.go.kr)와 국가자료공동목록시스템(http://www.nl.go.kr/kolisnet)에서 이용하실 수 있습니다.(CIP제어번호: CIP2016006767)」

등장인물

차례로

나제일 박사의 친구인 차 박사의 아들. 어려서부터 과학 천재 소리를 들으며 불과 열두살에 대학교 물리학과와 화학과를 수석으로 졸업했다. 모든 것을 과학적으로 설명해야 하고, 정리정돈을 해야 직성이 풀린다.

나제일 박사

문화재와 인류학 전문가이다. 털털한 성격이지만 '노총각'이라 불리면, 정신을 잃을 정도로 흥분하는 섬세한 면도 있다. 흠이라면 지저분하고 게으르고 잠이 좀 많고 아이를 싫어한다는 정도?

차 박사

차례로의 아버지. 세계적인 로봇 과하지만 야생의 세계에 매료되어 아태평양의 무인도로 떠난다.

윤 박사

차례로의 어머니. 세계적인 화학자이다. 학교생활에 적응하지 못하는 차례로를 직접 가르쳤다.

윌리엄

로미알 공의 아들로, 아버지의 뒤를 이어 보석 세공을 한다.

로미알 공

영국의 귀족. '왕가의 보물전'에 전시할 영국 문화재의 책임자이다.

윤 감독

'왕가의 보물전' 전시 감독. 검소한 옷차림과는 어울리지 않게 화려한 보석으로 치장하고 있다.

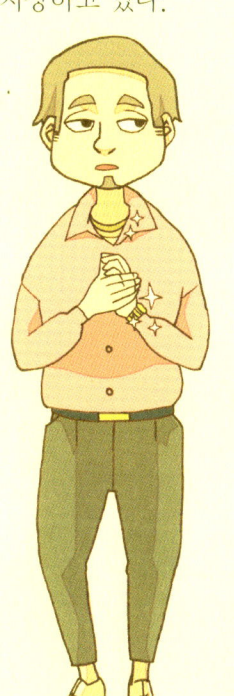

목차

1. **나제일 박사**와 **차례로**가 만나다 … 8

2. **제주도**로 출발 … 30

3. **빛의 산, 코이누르**가 사라지다 … 46

 ☆ 차례로의 추리메모 … 68

4. **코이누르**는 어디에? … 70

 ☆ 차례로가 사건을 해결한 결정적 과학 지식 … 98

1. 나제일 박사와 차례로가 만나다

뚜루루르르 뚜루루르르.

전화벨이 울렸다.

어수선한 집 안, 한쪽 소파에 쓰러져 자던 나제일은 손을 뻗어 테이블 위의 전화기를 들었다.

전화를 건 사람은 나제일 박사가 속해 있는 '참사람 문화재 학회'의 홍 회장이었다.

"나제일 박사, 다음 달에 제주도에서 열릴 세계 문화재 전시회에 고문으로 참여해 주시오."

"고문이라니, 그런 무서운 말 싫어. 난 자고 싶다고."

나제일은 전화를 끊었다.

뚜루루르르. 전화벨이 다시 울렸다. 이번에도 홍 회장의 전화였다.

"그러지 말고, 우리 '참사람 문화재 학회'를 대표해서…."

나제일은 홍 회장의 말을 다 듣지도 않고 전화를 끊으며 웅얼거렸다.

"싫다니까. 나 지금 너~무 졸려."

그런데 전화벨이 다시 울렸다. 뚜루루르르 뚜루루.

나제일은 소파에서 벌떡 일어나 앉더니, 전화기에 대고 고래고래 소리를 질렀다.

"안 간다니까, 안 간다고, 고문이고 고물이고 간에 안 간다고! 코올록 콜록."

갑자기 소리를 질렀더니 기침까지 나왔다. 그런데 이번에 전화를 건 사람은 홍 회장이 아니었다. 나제일은 조금 민망해졌다.

"아하하하. 차 박사, 자넨가? 난 또…."

"그래, 날세. 나 박사, 우리 부부가 무인도로 떠난다네."

"무인도? 무인도에는 왜…?"

"자연의 매력에 폭 빠졌다네."

"자네가 이제야 자연의 아름다움과 위대함에 눈을 떴군. 솔직히 그동안 자네가 너무 과학에만 몰두한다 걱정했었어."

"아무튼 우리 부부가 함께 떠나는 거라, 아들 혼자만 남게 되었네. 하지만 아직 어린아이를 혼자 남겨 둘 수는 없지 않은가?"

"그렇지, 어린이는 어른의 보호가 필요하지."

"그래서 내 아들을 그리로 보냈네. 내 아들을 맡아 주게."

"에잉, 여기로…? 차 박사? …이보게, 차 박사. 안 돼!"

나제일은 두 손으로 전화기를 붙잡고 다급하게 외쳤다. 하지만 전화기 속에선 뚜 뚜 뚜 뚜~ 신호음만 들렸다.

나제일은 머리를 흔들어 잠을 쫓으려고, 아니 전화 속 내용을 잊어버리려고 했다. 그때 초인종이 울렸다.

띵동!

"누구요?"

나제일이 문을 열며 물었다. 문을 열자 나제일의 팔 아래로 뭔가가 쏘옥 집 안으로 들어왔다.

"오잉?"

나제일은 깜짝 놀라 뒤를 돌아보았다. 배낭을 멘 차례로가 한 손에는 여행 가방을 든 채 집 안을 쓰윽 훑어보고 있었다.

"집이 너무 비위생적이군요. 이럴 경우 집먼지진드기가 잔뜩 살고 있을 수 있어요."

차례로가 코끝에 걸린 안경을 올리며 말했다.

"누구…?"

나제일이 차례로를 위아래로 살피며 물었다.

하지만 차례로는 나제일의 말은 들리지도 않는지, 손가락으로 나제일을 찌를 듯 가리키며 다시 말했다.

"항상 콧물을 흘리시죠? 재채기도 심하고?"

"네."

엉겁결에 나제일은 존칭어까지 쓰며 대답했다.

그러자 차례로가 "그럴 줄 알았어."라고 중얼거렸다. 그러더니 다시 나제일을 보며 단호하게 말했다.

"알레르기 비염입니다. 약보단 청결이 제일이죠. 당장 집 청소부터 하세요. 저기 설거지통에 쌓인 지저분한 그릇부터 설거지하세요. 음식물 쓰레기는 바퀴벌레를 불러들입니다."

차례로가 설거지통에 위태롭게 쌓인 그릇들을 가리켰다.

"아, 네. 그럴까요?"

나제일이 설거지를 하러 달려갔다. 설거지통에 물을 받고 높이 쌓인 그릇 제일 위에 놓인 것부터 차례로 설거지를 했다. 나제일은 세제를 풀어 뽀득뽀득 소리가 나게 그릇을 닦았다. 수세미를 쥔 손목이 아플 즈음, 유리잔들을 닦을 차례였다.

그런데 세제가 묻은 고무장갑으로 유리잔을 들다 그만 떨어뜨리고 말았다. 쨍그랑하는 소리를 내며 유리잔이 깨졌다. 나제일은 깜짝 놀라 한 발 뒤로 물러났다. 주위를 둘러보다 쓰레기통을 찾아서, 조심스럽게 유리조각들을 집어 쓰레기통에 넣었다. 그리고 다시, 남은 유리잔을 마저 씻으려고 물이 가득 찬 설거지통에 손을 넣었다.

"아악!"

나제일이 비명을 지르며 물에서 두 손을 빼내고, 얼른 고무장갑을 벗었다. 왼손 검지에서 피가 흘렀다.

"으아악! 피다, 피!"

나제일의 비명에 차례로가 달려왔다.

"왜 그러세요? 엄마야! 피가 나잖아요."

차례로가 나제일의 다친 손을 보더니 황급히 자기 배낭을 가지러 달려갔다. 차례로는 배낭에서 작은 구급상자를 꺼내고, 다시 구급상자에서 연고와 반창고를 꺼냈다.

"연고를 바르고 반창고도 붙였으니 곧 피가 멈출 거예요."

"고맙다."

나제일이 말했다.

"천만에요. 그런데 박사님은 조심성이 부족하군요. 어른이 손가락을 베고 말이에요."

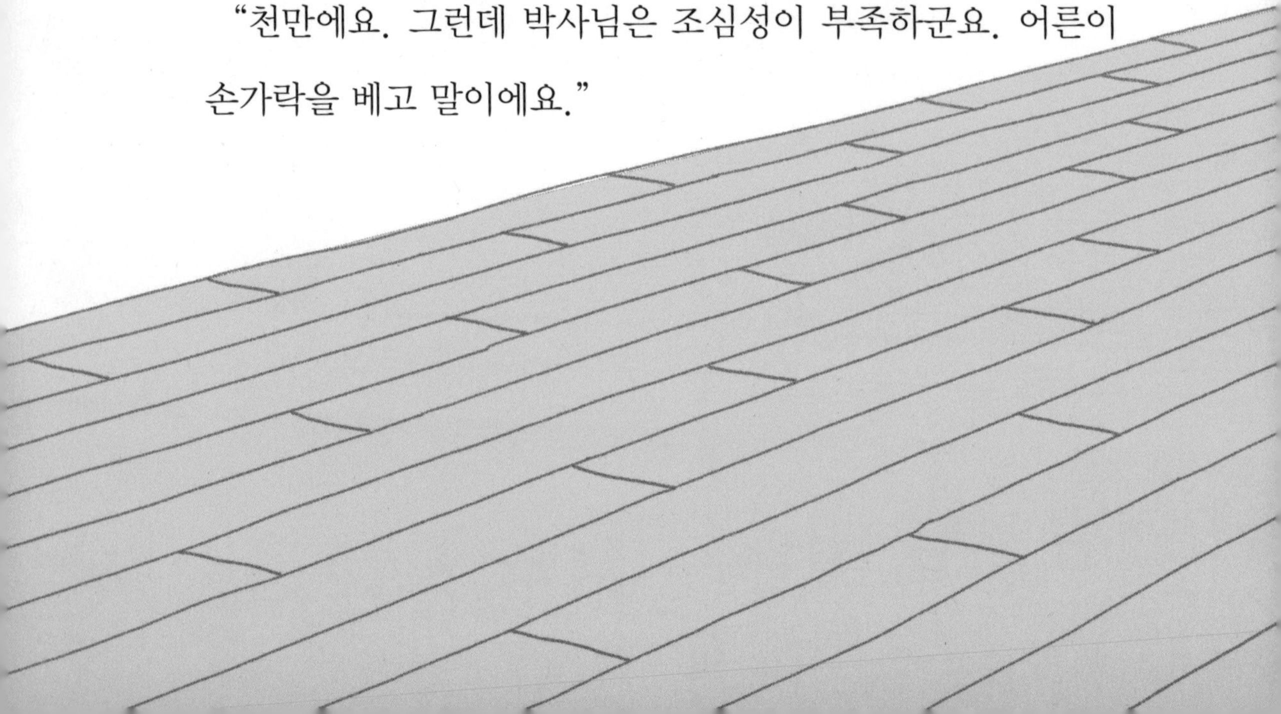

"물속에 유리조각이 들어 있는 줄 몰랐지. 안 보였거든."

"당연히 안 보이죠. 물과 유리조각 모두 투명하니까요. 어쨌든 이만하길 다행이에요. 앞으로 조심하세요."

"그래, 명심하마."

나제일이 차례로에게 고개를 숙였다.

차례로는 다시 거실로 돌아가고, 나제일은 집게로 설거지통의 뚜껑을 열어서 물을 뺐다. 슈우욱 물이 빠지는 소리를 들으며 나제일이 중얼거렸다.

"대학생 시절 여자 친구에게 잘 보이려고 청소를 한 이후로, 단 한 번도 청소해 본 적 없는 내가 설거지를 하다니. 게다가 손가락까지 베고…. 어? 내가 왜 설거지를…?"

나제일은 유리잔의 물기를 마른행주로 닦다 말고 멍하니 서 있었다. 그러다 갑자기, 부르르 어깨를 떨었다.

"이게 다 저 녀석 때문이잖아? 네, 저 녀석을 그냥…."

나제일은 책상 위에 실험 도구를 정리하는 차례로를 노려보다가 곧 음흉하게 웃었다.

'쫓아 버려야지.'

나제일이 차례로에게 후다닥 다가갔다.

"야! 너!"

차례로는 나제일의 어지러운 책상 위 물건들을 라면 상자에 쓸어 넣고, 여행 가방 안에서 알코올램프와 다양한 크기의 비커, 알 수 없는 물질들을 꺼내서 작은 실험실을 만들었다. 차례로가 알코올램프에 불을 붙이고, 조심스럽게 여러 물질을 섞으며 말했다.

"조용히 해 주세요. 지금 실험 중이잖아요. 참, 설거지는 다 끝났나요?"

"어? 어, 거의 다 해가는 중이야."

나제일이 차례로의 눈치를 보며 조그맣게 말했다. 그러다 다시 행주를 든 자기 손을 보고는 차례로에게 소리를 질렀다.

"그런데 왜 내가 청소를 해? 이 집 주인은 나라고. 너야말로 이 행주를 들고 그릇을 닦으라고. 쪼끄만 녀석이 놀 생각만 하고 말이야."

나제일이 들고 있던 마른행주를 책상 위로 던졌다. 마른행주가 알코올램프 위로 떨어졌다. 하지만 차례로는 알코올램프 옆에 놓인 책을 유심히 들여다보며, 건성으로 대꾸했다.

"제가 놀다뇨? 전 과학자가 꿈이에요. 과학은 전 세계 70억

인류를 위한 거예요. 그리고 이 실험은 놀이가 아니라 신물질을 개발하기 위한 거라고요. 박사님은 정말 아시는 게 없군요. 실망이에요. 전 나제일 박사님이 우리 부모님처럼 인류의 발전을 위해 노력하고, 지식도 아주 많은 분일 거라 기대했는데."

"뭐뭐뭐, 뭐라? 아는 게 없다? 그래, 나 무식하다. 그럼 넌 똑똑한 녀석이 기본 예의범절도 모르느냐? 어른을 공경하는 것도 몰라?"

"집주인이 청소하는 게 당연하지, 손님더러 청소하라는 게 말이 돼요?"

"요 녀석을 그냥~~~."

나제일은 분해서 발을 동동 굴렀다. 하지만 차례로의 말이 다 맞았기에 달리 대꾸할 수도 없었다. 그 사실이 더 분통이 터졌지만 말이다.

그때 다시 전화벨이 울렸다.

나제일은 전화기를 받으러 가며 차례로에게 말했다.

"이 전화를 받고 나서, 너랑 나는 심도 있는 대화를 해 보자."

전화를 건 사람은 차 박사였다.

"아니, 차 박사. 자네 아들 교육을 어떻게 한 건가? 뭐, 착한 모범생이라고? 자네, 차례로라는 아들 말고 다른 아들도 있었나? 제발 이 녀석을…."

나제일은 차례로를 돌아봤어. 그러다 경악하며 소리를 질렀다.

"부부부부부~ 불이야!"

알코올램프 위에 던져진 행주에 불이 붙어, 커튼과 지붕으로 옮겨붙고 있었다.

나제일의 말에 차례로가 주위를 둘러보았다. 그리고 소리쳤다.

"앗, 어머니가 주신 과학책과 실험 도구!"

차례로는 차곡차곡 여행 가방에 책과 실험 도구를 챙겨 넣었다. 그사이에도 불길은 점점 더 거세게 번졌다.

나제일은 여전히 전화기를 든 채 문으로 달려가며 차례로에게 외쳤다.

"위험해. 빨리 나와. 그런 행동이 얼마나 위험한지 너희 부모님이 안 가르쳐주던?"

하지만 차례로는 아랑곳없이 짐을 싼 가방을 풀고 다시 싸며 중얼거렸다.

"급하게 가방을 싸니까 엉망이네. 순서대로 다시 가방을 싸야지."

"뭐? 뭐라고, 차 박사? 그, 그렇다네. 불이 났다네. 그럼. 나는 얼른 집 밖으로 대피했지. 뭐, 내 아들? 아니, 자네 아들…?"

집 밖으로 뛰쳐나온 나제일은 여전히 전화기를 귀에 댄 채 주위를 둘러보았다.

"자네 아들은 안 보이네. 뭐? 그럼 어디 있느냐고? 그, 글쎄…. 우아악! 자네 아들은 아직 집 안에 있어. 내가 가 봐야겠네. 이만, 끊겠네."

나제일이 전화를 끊고 집으로 달려가 안을 들여다봤다. 가방을 싸는 차례로 주위로 검은 연기를 뿜으며 불길이 달려들고 있었다.

"차례로야. 그만 나오라니까. 그딴 실험 도구는 버려두고 나오라고."

나제일은 문밖에 서서 발만 동동 굴렀다. 하지만 여전히 차

레로는 차례로 짐을 싸는 데만 집중했다. 겨우 순서대로 책과 실험 도구를 가방에 싼 차례가 밖으로 나오려고 했을 때는 이미 검은 연기로 앞이 보이지 않았다.

"앞이 안 보여요!"

차례로가 검은 연기 속에서 소리쳤다.

"에이, 모르겠다."

나제일이 집 안으로 뛰어들었다.

곧 나제일이 검게 그을린 얼굴에 비장한 표정으로, 한쪽 팔엔 차례로를, 다른 팔엔 여전히 전화기를 들고 집 밖으로 달려 나왔다. 차례로의 어깨엔 배낭이, 한 손에는 커다란 여행 가방이 들려 있었다.

뚜루루르르 뚜루루르르.

전화벨이 또 울렸다. 평소엔 한 통도 오지 않았는데, 오늘은 전화가 참 많이도 왔다.

나제일이 얼빠진 표정으로 전화를 받았다.

"여보, 십니까?"

나제일은 말도 제대로 나오지 않았다.

전화기에서 홍 회장의 목소리가 들렸다.

"알겠소, 나제일 박사. 제주도에서 열릴 세계 문화재 전시회에는 다른 분을 보내…."

'참사람 문화재 학회' 홍 회장의 말이 끝나기도 전에, 나제일은 두 손으로 휴대전화를 꼭 잡으며 말했다.

"가겠습니다, 꼭 가겠습니다. 그런데 대신 짐이 좀 많겠습니다."

나제일은 우울하게 차례로와 창문으로 검은 연기를 뿜어내는 집을 번갈아 보았다.

2. 제주도로 출발

"헉헉, 아이고, 나 죽겠다."

나제일은 비행기 좌석에 몸을 던지다시피 앉으며 가슴을 부여잡고 헉헉거렸다.

"나제일 박사님, 평소에 운동을 얼마나 안 하신 거예요? 겨우 요거 뛰고 말이에요."

차례로가 뛰느라 한 가닥 내려온 앞머리를 살짝 위로 올리며 얄밉게 말했다.

"뭐? 누구 때문에 늦은 건데! 네가 가방을 열두 번도 더 싸는 바람에 비행기도 못 탈 뻔했잖아!"

"과장이 심하시네요. 가방은 정확히 다섯 번 쌌어요. 맨 위

에 놓은 물건들이 높이가 안 맞는 걸 어떻게 해요! 그리고 이렇게 구박하시면 제 가방에 있는 총각김치가 어디론가 사라져 버릴지도 몰라요!"

"으으음."

나제일은 앞좌석에 머리를 찧었다.

'얄미운 녀석, 먹을 걸 맡기는 게 아니었어.'

나제일은 여행할 때면 항상 어머니가 담근 총각김치를 챙겼다.

'난 우리 엄마의 총각김치가 없으면 밥을 먹을 수가 없지. 내가 외모는 글로벌하게 생겼지만, 입맛은 순수 한국인이란 말이야.'

"참, 차례로, 너 비행기 처음 타 보지? 비행기가 하늘 높이 뜰 때 귀가 먹먹해지면 말이야…."

"작년 겨울방학 때 아버지와 뉴욕에 갔었어요. 차세대 토이 로봇 지능 실험 장치에 대한 세미나에 참가했죠. 아버지는 늘 과학 세미나나 새로운 기술을 선보이는 자리에 저를 데리고 가셨어요."

차례로가 말했다.

"당분간은 부모님을 뵐 수 없지만 말이에요."

차례로의 목소리가 작아졌다.

"차례로야, 너희 부모님은 곧 돌아오실 거다."

나제일이 차례로를 위로했다.

'설마 너를 내게 맡겨 두고 안 돌아올라고. 그렇지, 차 박사? 나에게 그런 힘겨운 시련을 주지는 않을 거지?'

나제일은 한 손으로 자기 가슴을 톡톡 두드리며 자기 자신도 위로했다.

"전 괜찮아요. 부모님이 어디 계시든, 여전히 저를 사랑하시니까요."

"그럼 그럼."

나제일이 크게 고개를 끄덕였다.

"참, 비행기를 탔을 때 귀가 먹먹해지는 이유를 설명해 드리죠. 비행기를 탈 때뿐만 아니라, 높은 곳에 있거나 터널에 들어갔을 때도 갑자기 귀가 먹먹할 때가 있어요. 그 원인은 갑작스러운 기압 차이 때문이죠. 참, 기압이란, 공기의 무게를 말해요. 보이지는 않지만, 공기는 우리 주위에 가득 있어요. 물론 우리 위에도 공기가 있고, 이 공기가 우리 몸을 누르고 있

는 것이죠. 그러니 높은 곳일수록 우리 머리 위에 있는 공기가 적어질 테고, 공기의 무게 즉 기압도 낮죠. 박사님도 이 정도는 아시죠?"

"그, 그렇지. 학교에서 과학 시간에 배웠단다."

"다행이네요. 그럼 제 얘기를 이해할 수 있으실 테니까요. 그리고 우리 귓속에는 유스타키오관이란 것이 있어요. 귀 안과 밖의 기압 차이를 조절해 주는 역할을 하죠. 그런데 갑자기 기압이 낮아지면 유스타키오관이 미처 적응하지 못해서, 막히죠. 그래서 귀가 먹먹하고 아픈 거예요. 하지만 일시적인 현상이니까 너무 걱정은 마세요. 하지만 계속 아프다면, 이비인후과에 가서 진료를 받는 게 좋아요."

"그렇지. 이런 말이 있잖니, '진료는 의사에게, 약은 약사에게'."

나제일이 끼어들었다.

"귀가 먹먹할 때는, 침을 삼키거나 하품을 하거나, 음식을 먹어서 입을 움직이면 좋아져요. 코를 막고 약하게 '흥' 하고 풀어도 되지만, 코를 세게 풀면 오히려 귀에 나쁘니 이 방법은 추천하지 않겠어요."

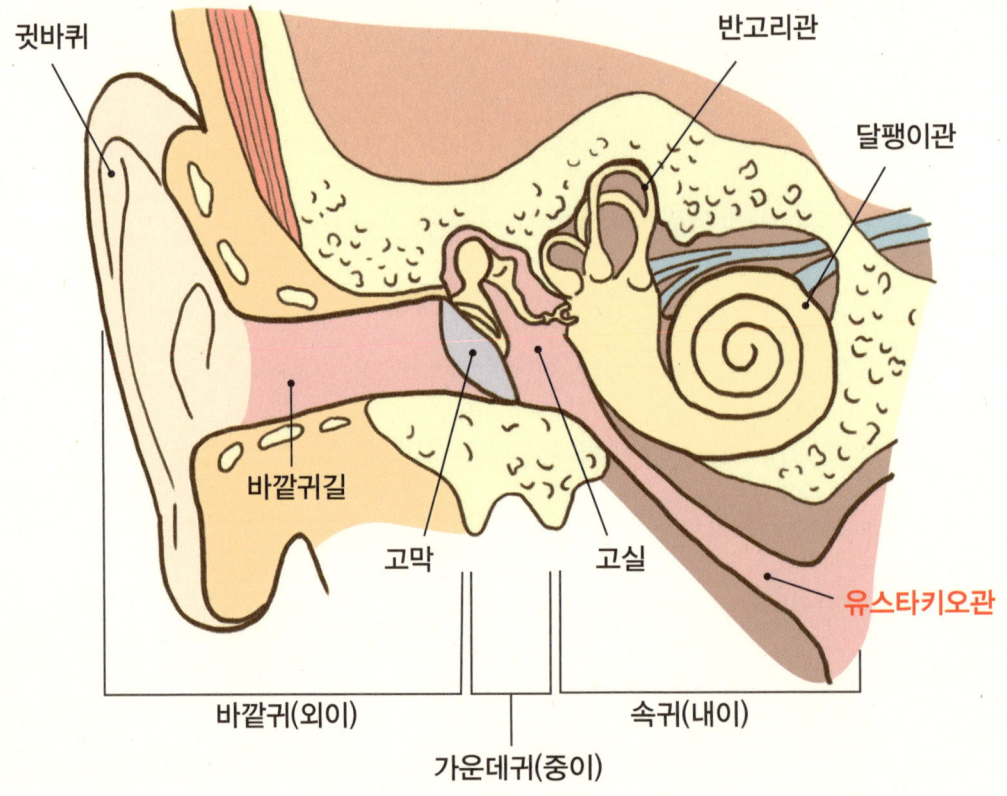

차례로가 과학 잡지에 눈을 딱 붙인 채 고개도 들지 않고 말했다.

나제일은 길고 긴 차례로의 말에 입이 따악 벌어졌다.

'이토록 긴 대사를 숨 한 번 안 쉬고, 눈 한 번 안 깜박이고 줄줄줄 말할 수 있다니…. 차 박사, 자네 아들에게 무얼 먹여 키운 건가?'

나제일은 손으로 턱을 올려 벌어진 입을 닫으며 침착해지려 애썼다.

"그런데 나 박사님, 제주도에서 열릴 세계 문화재 전시회에는 어떤 문화재들이 전시되는 건가요? 문화재는 종류가 아주 많잖아요."

"제주도에서 열릴 세계 문화재 전시회의 정식 이름은 '왕가의 보물전'이야. 세계 여러 나라의 왕가에서 전해 내려오는 보물을 전시하는 거야."

"이를테면 우리나라 신라 시대의 황금관 같은 거요? 아주 옛날 왕족들이 사용한 물건이겠군요, 구식요."

"구, 구식이라고? 아니 단지 오래됐다는 것 때문에 문화재를 구식이라고 표현하다니, 너도 참 교양이 부족하구나. 솔직히 말해서 문화재는 오래될수록 더 값어치가 있어. 그리고 아직도 왕이 있는 나라가 많단다. 가까운 일본도 왕이 있고, 영국, 태국, 사우디아라비아…."

"저도 알아요. 그 정도는 유치원생도 다 아는 상식 아닌가요? 박사님이시면 더 전문적으로 설명해 주실 줄 알았는데. 뭐, 할 수 없죠."

차례로가 자신의 말을 딱 자르며 무시하자, 나제일은 애가 탔다. 차례로에게 존경의 눈빛을 받고 싶었다.

"이번 전시회에는 말이다, 아주아주 유명한 다이아몬드가 전시된단다. '코이누르'라는 다이아몬드인데, 그게 무슨 뜻이냐면…."

"'빛의 산'이란 뜻이죠. 인도 비자푸르 광산에서 채굴되었고 사람들에게 알려진 건 1304년부터였어요. 코이누르는 달걀만 한데, 그 빛나는 모습이 워낙 아름다워서 '빛의 산' 즉 코이누르라고 불렸죠. 인도가 영국의 식민지였을 때 영국 여왕에게 바쳐져서 지금은 영국 여왕의 왕관에 박혀 있고요. 물론 여왕이 늘 코이누르가 박힌 왕관을 쓰고 있지는 않아요. 대부분은 영국 왕가의 다른 보물들과 함께 런던탑에 보관되어 있지요. 철통 보안을 받으면서요. 하지만 저라면 그 다이아몬드를 팔아서 희귀병을 고치는 의학 기술을 개발하겠어요. 솔직히 저는 문화재나 보물 같은 건 관심이 없어요. 제가 박사님과 함께 있는 이유는 단 하나예요. 그 이유는…."

"그래, 그 이유는 너희 부모님이 동시에, 아니 함께 무인도로 떠났기 때문이지. 더 큰 이유는, 너를 내게 보내면서 나와

상의도 하지 않았다는 거고 말이다."

나제일이 말했다.

"그건 박사님이 잘못 알고 계시는 거예요. 제가 박사님께 온 이유는, 박사님을 제발 좀 깨끗하고 사람답게 만들라고 아버지께서 부탁하셨기 때문이에요. 그래야 장가를 가신다고요!"

"뭐, 나를 사람답게 만든다고?"

나제일은 어이가 없었다. 자신보다 더 사람다운 사람이 어디 있는가? 잘 먹고 잘 자고 잘 웃고 잘 울고 가끔 공부도 하는데 말이다.

"네. 사실 저는 아주 유명한 대학교들과 세계적인 연구소의 초대를 받았어요. 하지만 아버지께서 박사님과 함께 지내 달라고 특별히 부탁하셨어요."

차례로의 말에 나제일은 황당했다.

'차 박사, 자네는 도대체 아들에게 나를 어떻게 소개한 건가?'

하지만 나제일은 차례로에게 더 말하지 않았다. 말해 봐야 소용이 없을 것 같았으니까. 그래서 얼른 자기 전문 분야인 코이누르에 대한 이야기를 다시 했다.

"흠, 네가 코이누르를 안다니 참 기특하구나. 하지만 코이누르에는 네가 아는 것보다 더욱 큰 신비, 역사가 숨어 있단다. 코이누르는 '피의 다이아몬드'라는 별명도 있지. 그 이름처럼 코이누르를 둘러싼 피비린내 진동하는 역사가 숨어 있어. '코이누르를 가진 사람은 세계를 지배한다. 하지만 남자는 코이누르를 가지면 안 된다.'는 전설이 생길 정도란다."

"그래서 지금은 영국 여왕이 가지고 있는 건가요? 여자라서?"

"뭐, 전설을 다 믿을 필요는 없지만, 그렇다고 믿는 사람도 있지."

나제일은 이제야 자신이 박사라는 걸 증명이라도 하듯 또박또박 말을 이어 나갔다.

"차례로 너에게 코이누르와 문화재에 대해 바르게 알려 줄 의무감이 팍팍 드는구나. 좋아, 내가 무료 강의는 절대 하지 않는 사람이지만, 이번만 선심 썼다. 이 비행기 안에서 특별 강의를 해 주마!"

'차례로, 이제 내가 정말 훌륭한 박사라는 걸 팍팍 느끼게 될 거다. 나의 깊고 깊은 학식과 교양을 마음껏 뽐내 주마.'

나제일은 차례로가 존경을 가득 담은 눈으로 자신을 올려다보는 모습을 미리 상상하며 킬킬거렸다.

"코이누르의 피 묻은 역사는 이렇단다. 강력한 무굴제국을 세운 바부르 황제는 코이누르를 얻은 지 4년도 안 되어 죽었어. 타지마할 궁전을 지은 것으로 유명한 샤자한 황제도 감옥에서 홀로 죽음을 맞았지. 그뿐인가, 무굴제국을 멸망시키고 코이누르를 빼앗은 페르시아의 황제 나디르도 갑작스레 죽었단다. 그 뒤에도 코이누르를 차지하려는 피비린내 나는 싸움이 계속되었지. 형제들이 서로 칼을 겨누기도 하고, 황제라는 사람들이 코이누르를 차지하려고 간사한 꾀를 내기도 했단다. 지금은, 차례로 네가 말한 대로, 영국 여왕의 왕관을 장식하고 있지만 말이다. 어떠냐, 이제 내가 괜히 박사라 불리는 게 아니지?"

나제일은 두 손을 허리에 얹으며 의기양양하게 웃었다. 그러나 옆에서는 아주 규칙적이고 조용한 숨소리만 들렸다.

"너, 차례로! 내 명강의를 듣다가 자는 거냐? 이 녀석, 예쁜

데라고는 눈 씻고, 아니, 눈곱 떼고 봐도 안 보이는구나. 으이그."

　나제일은 김빠진 사이다로 타는 속을 달랜 뒤에 비행기 좌석에 머리를 박고 드르렁드르렁 코를 골았다. 잠이 들자마자 비행기가 제주공항에 도착해서 비행기에서 내려야 했지만 말이다.

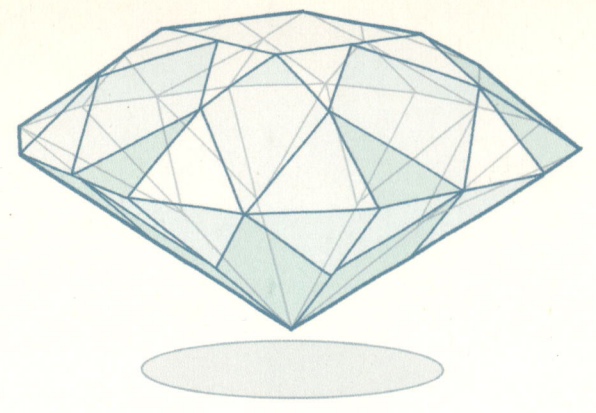

3. 빛의 산,
코이누르가 사라지다

공항에 도착하자 전시회 감독인 윤칠봉이 나제일과 차례로를 맞았다.

"어서 오십시오. 자, 타시죠"

윤칠봉이 서둘러 나제일과 차례로를 차에 태웠다.

"박사님, 한 시간 정도 비행기를 타신 거니까 피곤하시지는 않죠? 괜찮으시다면 바로 일을 시작했으면 합니다."

"그럽시다. 그런데 무슨 일을…?"

"사실 이번 '왕가의 보물전'에서 가장 중요한 문화재가 영국 여왕의 왕관이라는 건 아실 겁니다. 특히 왕관에 박힌 코이누

르죠. 그런데 그게 좀 문제가 생겼어요."

윤칠봉은 차를 운전하며 사정을 설명했다.

"코이누르가 감쪽같이 사라졌습니다. 코이누르가 박힌 자리에 싸구려 큐빅이 대신 박혀 있답니다."

"뭐, 뭐요? 코이누르가 사라져? 누가 훔쳐간 겁니까?"

나제일이 깜짝 놀라며 물었다.

"그걸 모르시니 문제라는 거겠죠."

차례로가 윤칠봉 대신 침착하게 대답했다.

"일단 영국에서 코이누르를 가져온 로미얄 공을 만나보시죠. 그분이 책임자니까요."

제주 국제공항을 벗어나 30여 분만에 세 사람은 '왕가의 보물전'에 참가하는 사람들이 머무는 늘봄 호텔에 도착했다. 나제일과 차례로는 자기 방에 짐을 풀 사이도 없이, 윤칠봉의 안내를 받아 로미얄 공을 방문했다.

로미얄 공이 수족관에서 물고기에게 모이를 주다 일행을 맞았다. 로미얄 공은 긴 지팡이에 의지해 천천히 다가왔다. 나제일이 얼른 달려가 로미얄 공의 팔을 부축했다.

"어서 오십시오, 나제일 박사님. 이렇게 유명한 박사님을 뵙게 되어 영광입니다."

"예? 호호호. 뭐, 제가 조금 유명하긴 합니다."

나제일이 머리를 긁적이며 웃었다.

그런 나제일을 보며 차례로가 고개를 절레절레 저었다.

"아차차. 로미얄 공, 오는 동안 윤 감독에게 사건을 대강 들었습니다. 얼마나 놀라셨습니까? 그 귀한 코이누르가 사라졌다니요?"

"그러게 말입니다. 뜻깊은 전시회를 앞두고 이런 사고가 생겨서 정말 안타깝습니다."

"자, 마음을 가라앉히시고, 코이누르가 사라진 상황을 알려 주십시오."

나제일이 로미얄 공의 옆자리에 앉으며 말했다.

차례로는 나제일의 옆에 앉아, 로미얄 공을 찬찬히 살폈다. 로미얄 공은 굽이치는 백발을 곱게 빗어 넘긴 노인이었다. 코이누르가 사라졌는데도 침착해 보였다.

이어서 차례로는 윤칠봉도 찬찬히 살펴보았다. 손을 비비며 소파에 앉지도 못하고 안절부절못하며 방 안을 서성이고 있었다.

손가락에는 검은 다이아몬드 반지, 손목에는 굵은 금장 시계, 셔츠 사이로 다이아몬드가 박힌 목걸이가 반짝였다. 윤감독은 소박한 옷차림과는 달리, 화려한 보석으로 치장한 모습이었다.

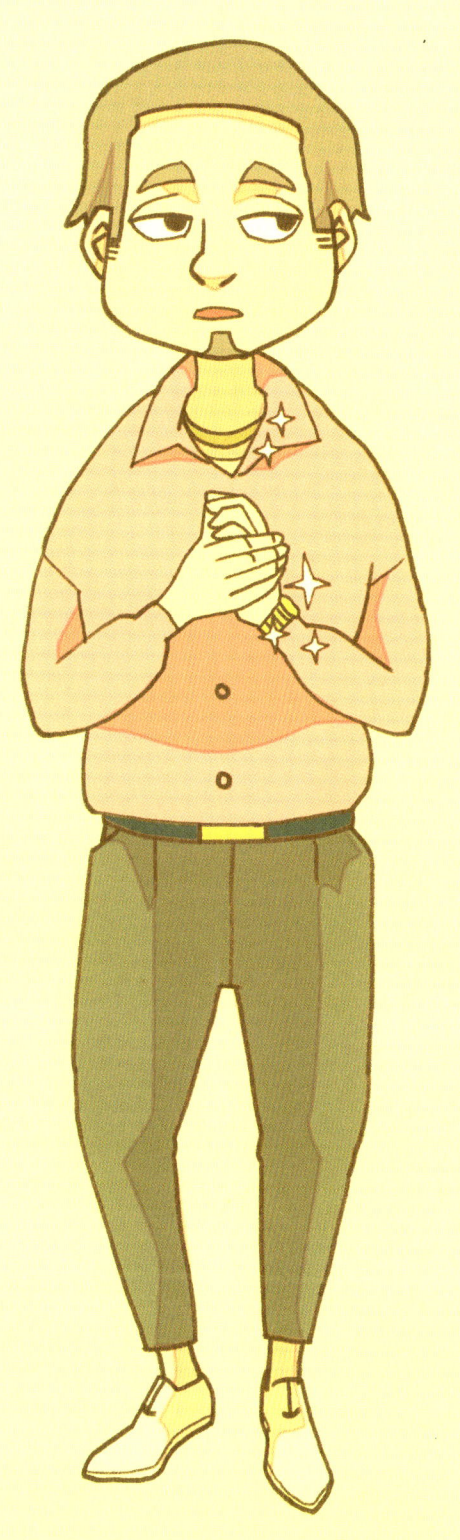

차례로는 이번엔 방 안을 둘러보았다. 금색과 청록, 검은 선으로 꽃이 그려진 붉은 실크 벽지가 인상적인 방이었다. 로미얄 공이 영국에서부터 가져왔다는 수족관이 한쪽에 놓여 있었다.

수족관 바닥엔 굵은 모래와 작고 하얀 조약돌이 깔렸고 수초가 하늘하늘 흔들리고 있었다. 산소발생기에서 산소 방울이 뽀글뽀글 올라왔다. 그 속을, 빛을 내는 네온테크라와 하늘색과 주황색의 줄무늬가 예쁜 드워프구라미 등이 한가로이 헤엄치고 있었다.

"관상어가 마음에 드나 보구나. 내 취미가 관상어를 키우는 거라 어디를 가든 함께 다닌단다."

수족관을 보는 차례로를 보며 로미알 공이 말했다.

"저 녀석은 베타 아닌가요?"

차례로가 큰 꼬리지느러미를 흐느적거리는 물고기를 가리켰다.

"그렇단다. 꼬리가 공작 꽁지처럼 크고 예쁘지?"

"네. 하지만…."

차례로가 로미알 공에게 말을 하는데, 벌컥 문이 열리며 금발의 젊은 남자가 들어왔다.

"아버지, 어떻게 된 일입니까? 코이누르가 사라지다뇨?"

젊은 남자가 다급하게 물었다.

"윌리엄, 먼저 손님들께 인사부터 해야지. 아무리 큰일이 있어도 예의를 잊어선 안 된다."

로미얄 공이 윌리엄을 꾸짖었다. 낮고 작은 목소리였지만, 나제일 일행을 대할 때와는 다르게 엄한 목소리였다. 그제야 윌리엄이 마지못해 일행에게 고개를 까닥였다.

"이 녀석이 제 외아들 윌리엄입니다. 제 뒤를 이어 보석 디자인과 세공을 하고 있지요."

로미얄 공이 아들 대신 소개했다.

"대답해 주세요. 이제 저는 어떡해요?"

"이분들과 함께 코이누르를 찾아봐야지. 정 안 되면 경찰을 부르고 영국에도 알려야지."

"그, 그건 안 돼요."

윌리엄이 다급하게 외쳤다.

"절대 코이누르가 없어진 사실을 다른 사람이 알아선 안 돼요. 아니, 지금은 알리면 안 된다고요. 아직 확실한 게 아무것도 없잖아요. 코이누르가 없어진 게 분명한지도 모르고."

"분명하다. 코이누르는 사라졌어."

"하, 하지만 어떻게요? 우리는 겨우 어젯밤에 이곳에 도착했어요. 그리고 아버지와 저는 한순간도 코이누르를 두고 이

방 밖으로 나간 적이 없잖아요. 그렇죠? 식사도 이 방에서 함께 먹었고요."

"네가 전화를 하러 몇 번 밖으로 나갔잖니? 나도 아침에 잠깐 산책을 했고."

"하지만 두 사람이 동시에 밖으로 나간 적은 없잖아요. 아, 이게 무슨 일이지!"

윌리엄이 두 손으로 얼굴을 감싸며 소파에 털썩 주저앉았다.

차례로는 윌리엄을 보며 '절망적인 표정이라는 게 저런 표정인가 보다.' 하고 생각했다.

"이상하네, 정말 이상해."

나제일이 말했다.

나제일, 차례로, 윤칠봉은 로미얄 공의 방을 나와, 나제일과 차례로가 머물 방으로 들어갔다.

"이런 말씀을 드려야 할지 모르겠지만, 솔직히 저는 로미얄 공과 윌리엄이 의심스럽습니다. 코이누르를 마지막으로 본 사람이 두 사람이니까요. 어제 제주 국제공항에서 저와 경호원들이 로미얄 공과 아들을 맞았습니다. 공항에서 오는 차에서 세 사람이 함께 코이누르를 확인했고요. 경호원들이 철통같이 지키면서 이 호텔, 아니 로미얄 공의 방까지 운반했고, 그 방에서도 저희 세 사람이 다시 한 번 코이누르를 확인했단 말입니다. 아니 코이누르가 박힌 왕관을 확인했지요."

"음."

"그런데 오늘 아침에 로미얄 공이 제게 전화를 해서는, 코이누르가 사라졌다는 겁니다. 코이누르 대신 큐빅이 박혀 있다고요."

"음."

"제가 영국에 있는 친구에게 알아보니, 요즘 로미얄 공이 경제적으로 곤란한 상황이라더군요. 빚이 많아서 빚쟁이들에게 시달리고 있다고요."

"음."

나제일은 여전히 아무 대답도 하지 않았다.

"로미얄 공은 아주 점잖고 명예를 소중히 여기는 분 같았어요. 빚 때문에 자기 나라의 보물을 훔칠 분처럼 보이지는 않았거든요."

나제일 대신 차례로가 윤칠봉에게 말했다.

"그럼, 그 아들은? 그분 아들이 이곳까지 아버지를 따라온 게 이상하지 않습니까? 이 이야기도 제 영국 친구에게 들은 건데 윌리엄이 도박에 빠졌다는군요. 도박을 하려면 돈이 많이 들지 않습니까?"

"음."

"나제일 박사님, 제 얘기를 듣고 계신 겁니까? 계속 '음'이라고만 하지 말고, 그 두 사람에 대해 생각 좀 해보세요."

윤칠봉이 답답해하며 가슴을 쳤다.

하지만 여전히 나제일은 아무 대답도 하지 않았다. 나제일은 누구도 의심하고 싶지 않았다.

"호텔 보안 책임자에게 확인은 해 보셨나요?"

차례로가 윤칠봉에게 물었다. 마침 호텔 보안 책임자가 일행의 방으로 찾아왔다.

"코이누르가 사라졌다는 말을 듣고 우리 보안대에서 모든 감시카메라를 확인했습니다. 어제 로미얄 공 일행이 저희 호텔에 도착한 이후부터 코이누르가 사라졌다는 연락을 받은 오전 10시까지 말입니다. 하지만 코이누르가 있던 방에 들어간 사람은 로미얄 공과 그 아드님, 그리고 여기 계신 윤칠봉 씨뿐입니다."

"그 방은 조사해 보셨나요? 혹시 코이누르가 어딘가에 떨어졌을 수도 있잖아요."

"물론입니다. 조금 전에 그 방뿐 아니라, 로미얄 공의 요청

에 따라 로미알 공의 몸도 수색했어요. 하지만 어디에서도 코이누르는 나오지 않았습니다."

"그 아들도 수색했습니까?"

윤칠봉이 물었다.

"아드님은 아직…. 우리 보안대가 방을 수색하러 갔을 때 그분이 중요한 전화를 받아야 한다며 방을 나가셨거든요."

"아이고 머리야. 제주도에 오자마자 정신이 없네. 윤 감독, 미안하지만 내가 아침밥을 굶었어요. 그래서 그런지 나의 명석한 두뇌가 움직이지를 않네. 일단 상황은 알았으니 점심 좀 먹고 다시 생각해 봅시다."

나제일이 관자놀이를 누르며 말했다.

"박사님은 이 사건을 어떻게 생각하세요?"

"역시 제주 똥돼지는 기가 막힌다고 생각하지!"

볶은 돼지고기 한 조각을 상추에 얹으며 나제일이 군침을 삼켰다.

"네?"

"저기 봐라. 저쪽에 앉은 인도인 신사들이 계속 우리를 힐끔

거리잖니? 아마 우리랑 똑같은 음식을 시키려는 걸 거다. 힌두교 신자는 쇠고기는 먹지 않지만, 이 맛있는 돼지고기는 먹잖아. 얼마나 다행이냐."

나제일이 식당 한구석에 앉은 인도인들을 가리켰다. 그중 한 사람은 나제일과 차례로를 계속 힐끔거렸고, 다른 한 사람은 통화를 하고 있었다.

"어휴, 저 사람들은 이미 밥을 다 먹고 후식으로 커피를 마시고 있잖아요. 그리고 지금 먹는 게 중요해요? 사건이잖아요, 사건! 코이누르 도난 사건!"

"쉿!"

나제일이 차례로의 입을 막으며 주위를 살폈다. 제주가 국제자유도시라 그런지 유달리 외국인이 많이 보였다.

"차례로야, 이번 사건이 얼마나 엄청난 사건인지 모르겠니? 영국 여왕을 대표하는 왕관에 박힌 코이누르가 사라졌다. 이건 우리나라와 영국 사이에 큰 외교 문제가 생긴 거야. 만약 코이누르를 찾지 못하면… 어휴, 생각만 해도 끔찍하다."

"그러니까 남들이 코이누르…."

차례로가 나제일을 답답해하며 큰 소리로 말하다 얼른 목소리를 줄이며 말을 이었다.

"남들이 알기 전에 우리가 코이누르를 찾자고요."

"엥? 무슨 수로? 난 인류학과 문화재 전문가이지 수사반장은 아니야. 이런 도난 사건의 전문가는 따로 있다고."

"치, 박사님은 문화재를 보호하는 일에는 관심이 없다는 건가요? 생각보다 책임감이 없는 분이군요."

"뭐라? 문화재 보호에 관심이 없다고? 내가, 내가 바로 문화재 보호 모임 1호 멤버야, 1호! 우리나라 문화재를 찾아내고 보호하는 시민들의 자발적인 모임을 만든 사람이라고!"

"흥. 그럼, 우리나라 문화재만 보호하시나 보죠."

"좋아, 내가 전 세계, 아니 전 인류의 모든 역사, 심지어 우주에서 떨어진 운석까지 보호하는 사람이라는 것을 보여 주마. 당장 시작하자, 코이누르 찾기!"

나제일이 흥분해서 자리에서 일어났다.

그런데 차례로가 황급히 나제일을 잡아당겼다. 그 바람에 의자가 뒤로 쿵 넘어지고, 나제일은 바닥에 엉덩방아를 찧었다.

"으악! 이 녀석, 너 지금 무슨 짓이야?"

"잠깐만요."

차례로가 식탁 아래로 몸을 숨기며 말했다.

"박사님, 이리로…."

영문도 모르고 나제일은 차례로를 따라 식탁 아래로 기어들어갔다.

"왜?"

"저기 좀 보세요."

차례로가 어딘가를 가리켰다.

나제일은 의자 사이로 얼굴만 빠끔히 내밀고, 차례로가 가리키는 곳을 보았다.

"저 인도 사람들 말이냐, 아까 우리를 힐끔거렸던?"

"네. 그런데 지금은 일행이 한 명 더 늘었잖아요. 우리가 아는 사람이에요."

"그렇구나. 앗, 저 사람은 로미얄 공의 아들 윌리엄이잖아."

윌리엄은 인도인 사이에 앉아 있었다. 윌리엄은 인도인들과 얘기를 하면서도, 눈으로는 계속 주위를 살피고 있었다.

"윌리엄이 저 인도 신사들이랑 무슨 얘기를 하는 걸까?"

"알 수 없죠. 하지만 전시회를 위해서 이곳에 온 윌리엄이 친구들과 함께 왔을까요? 제가 신문에서 읽은 적이 있어요. 인도는 영국에 코이누르를 돌려 달라고 요구하고 있다던데요."

차례로의 말에 나제일이 고개를 끄덕였다.

"오, 그래? 음, 뭔가 냄새가 난다, 냄새가! 좋아, 누가 코이누르를 훔쳤는지 당장 찾아보자, 당장!"

차례로의 추리메모

**용의자 1
로미얄 공**

엄청난 보물인 코이누르가 사라졌는데도 당황한 기색이 없다. 코이누르를 제일 오랫동안 가지고 있었다.

용의자 2
윌리엄

아버지인 로미얄 공과는 반대로, 코이누르가 사라졌다는 사실에 지나치게 흥분했다. 코이누르를 돌려받고 싶어하는 인도 사람들과 어울린다.

용의자 3
윤칠봉 감독

검소한 옷차림과 어울리지 않게, 화려한 보석으로 치장했다.
윤 감독이 얼마나 부자인지는 몰라도, 그런 보석들을 가지고 있는 건 이상하다.

4. 코이누르는 어디에?

"로미얄 공, 그리고 윌리엄 씨, 실례지만 두 분의 몸수색을 다시 한 번 해도 되겠습니까? 아, 물론 두 분을 의심하는 건 아니고, 두 분의 결백을 확인해서 수사 대상에서 빼려고 하는 겁니다."

호텔 보안 책임자가 말했다.

로미얄 공의 방에 로미얄 공과 아들 윌리엄, 윤칠봉 그리고 나제일과 차례로, 호텔 보안 책임자가 다 모였다.

"물론입니다. 저와 제 아들은 여러분의 수사에 무조건 협조할 겁니다."

"나 박사님, 윤칠봉 감독님도 수색을 해야 하지 않을까요? 저분도 진짜 코이누르를 봤잖아요. 그리고 입은 옷과 구두는 아주 낡았는데, 화려한 보석으로 치장했잖아요. 좀 이상해요."

차례로가 나제일 곁을 지나며 속삭였다.

"아, 그렇군! 아주 온몸에 휘황찬란한 보석을 휘감았구먼."

그제야 나제일이 윤칠봉을 자세히 살펴보며 중얼거렸다.

"윤 감독, 자네 몸도 수색하겠네. 자네도 진짜 코이누르를 본 세 사람 중 한 명이니까 말이야."

"네? 지금 저를 의심하시는 겁니까?"

윤칠봉의 얼굴이 붉어졌다.

"맞아요. 아버지와 나를 빼고 코이누르를 본 사람은 저 사람뿐이에요."

윌리엄이 흥분해서 윤칠봉을 가리켰다.

"영국 왕실에서 몇 번이나 거절했는데도, 윤 감독이 반드시 코이누르를 전시해야 한다며 계속 졸랐어요. 그렇

죠, 윤 감독? 왜 그토록 코이누르에 집착한 거요? 당신이 코이누르를 욕심낸 것 아니요?"

"뭐라고요?"

윤칠봉이 벌컥 화를 내며 윌리엄에게 다가갔다.

"진정하십시오, 윤 감독."

로미얄 공이 윌리엄과 윤 감독 사이에 끼어들었다.

"윌리엄, 어서 윤 감독에게 사과하거라. 함부로 사람을 의심하다니, 내가 너를 그렇게 키웠더냐?"

로미얄 공이 윌리엄을 꾸짖었다. 하지만 윌리엄은 여전히 의심스러운 눈으로 윤칠봉을 노려보았다.

"윤 감독은 아닙니다. 윤 감독이 코이누르와 같이 있을 때는 우리 부자가 윤 감독과 함께 있었으니까요."

로미얄 공이 나제일에게 말했다.

"아닙니다. 이렇게 의심을 받으니 저도 수색을 받겠습니다. 자, 저를 샅샅이 수색하십시오."

윤칠봉이 나제일에게 다가와 두 손을 벌렸다.

결국 나제일이 윤칠봉과 로미얄 공, 윌리엄의 몸수색을 하고, 호텔의 보안 책임자가 다시 세 사람의 몸을 수

색했다. 그리고 세 사람의 가방도 모두 뒤졌다. 하지만 어디에서도 코이누르는 나오지 않았다.

"그것 보십시오, 저는 결백하다니까요? 저는 코이누르가 사라진 줄도 몰랐다고요."

윤칠봉이 억울해했다.

"아까도 말했지만, 자네를 의심해서 몸을 뒤진 건 아니라니까. 자네를 확실히 믿으려고 이런 거야."

나제일이 민망해하며 머리를 긁적였다.

"박사님, 이 방도 다시 조사해야 하지 않을까요?"

차례로가 다시 나제일에게 작은 소리로 슬쩍 말했다.

"음음음. 이번엔 이 방을 수색하겠습니다. 다들 밖으로 나가주십시오. 그리고 보완 책임자님은 윤 감독의 방을 수색해 주십시오. 그래야 공평하니까요."

사람들은 나 박사의 말대로 모두 방에서 나갔다.

"차례로야, 지금 그렇게 한가하게 물고기를 구경할 시간이 없어."

차례로와 단둘이 남자, 나제일이 차례로에게 쪼르르 달려갔다.

"물고기가 한가하게 헤엄치는 모습을 보니 제 뇌가 씽씽 돌아가네요."

차례로는 눈도 깜박이지 않고 수족관 속 관상어를 보며 대답했다.

"나 지금 엄청나게 불안하다고. 괜히 나섰다가 코이누르도 못 찾고, 영국 신사들과 윤 감독을 모욕했다고 욕만 먹을 것 같아."

"그럴 리는 없어요. 저는 이미 코이누르가 어디에 있는지 알고 있거든요. 단지 누가 범인인지를 확인하고 있는 것뿐이에요."

"진짜? 진짜로 코이누르를 찾았어? 어디, 어디 있니? 내 눈에는 '빛의 산'은커녕 한라산도 안 보인다."

"지금 보고 계시잖아요."

"응? 내가 지금 보고 있다고?"

"네. 박사님, 이 수족관 속에 손을 넣어 보세요. 바닥까지요."

차례로의 말대로, 나제일 박사가 손을 수족관에 넣어 바닥을 더듬었다.

"어, 어, 어, 어!"

나제일 박사의 목소리가 점점 커졌다.

"제 말이 맞죠? 그게 바로 코이누르예요."

차례로가 나제일의 둥그레진 두 눈과 벌어진 입을 보며 미소 지었다.

"나제일 박사님 덕분에 예정대로 전시회를 잘 치를 수 있었습니다. 감사합니다."

윤칠봉이 나제일 박사에게 머리를 숙여 인사했다.

"흐흐흐. 내가 원래 좀 뛰어나잖나."

"하하하. 그렇죠. 참, 로미얄 공께선 바로 영국으로 돌아가신다고요? 다음에 전시회에도 훌륭한 영국 문화재를 많이 소개해주십시오. 그럼, 안녕히 가십시오."

윤칠봉이 로미얄 공에게 인사를 한 뒤, 전시회를 마무리하기 위해 떠났다.

윤칠봉이 멀어지는 것을 지켜보던, 로미얄 공이 나제일과 차례로를 번갈아 보았다. 그러더니 두 손으로 나제일의 손을 잡았다.

"진심으로 감사드립니다."

"아이고, 왜 이러십니까."

로미얄 공의 인사에 나제일이 머리를 긁적였다.

"아닙니다. 저는, 나 박사님께서 어떻게 코이누르를 찾았는지 알고 있습니다. 그런데도 아무에게도 말을 하지

않으셨죠. 덕분에 저는 제 가문의 명예를 지킬 수 있었습니다. 영국은 소중한 보물을 지킬 수 있었고, 영국과 한국의 평화로운 관계를 지킬 수 있었습니다. 진심으로 깊이 감사드립니다."

로미얄 공이 깊숙이 고개를 숙였다.

"이러지 마십시오. 전 아무것도 안 했다니까요."

나제일은 어쩔 줄 몰랐다.

"제가 나 박사님을 꼭 영국으로 초대하겠습니다. 아직 다른 나라에 소개되지 않은 귀한 문화재들도 보여드리죠. 차례로 너도 꼭 함께 오너라."

로미얄 공이 나제일과 차례로의 손을 잡으며 말했다.

"문화재도 보여 주시고, 저와 차례로에게 맛있는 밥도 사 주십시오, 크흐흐."

"안녕히 가세요."

"그럼 이만."

나제일과 차례로의 배웅을 받으며 로미얄 공은 차에 올라탔다. 그때, 윌리엄이 달려왔다.

"오, 윌리엄. 자네도 잘 가게."

나제일이 윌리엄에게 손을 내밀어 악수를 청했지만, 윌리엄은 나제일을 옆으로 밀치며 허겁지겁 차에 탔다. 윌리엄이 차에 타자, 곧바로 차는 공항으로 출발했다.

"정말 끝까지 예의가 없는 청년이구먼."

나제일이 투덜거리는데, 이번엔 인도인 몇 명이 달려오다가 나제일과 부딪혔다. 그 바람에 나제일은 제자리에서 한바퀴 빙 돌아야 했다.

"아이쿠, 이번엔 또 뭐야!"

인도인들은 나제일에게는 눈길도 주지 않은 채, 로미얄 공과 윌리엄이 탄 차를 향해 고함을 지르며 쫓아갔다.

"쯧쯧. 벌써 차는 떠났다고요."

차례로가 인도인들을 보며 고개를 흔들었다.

"자, 이제 말해 봐라. 어떻게 안 거야?"

나제일이 차례로의 어깨를 툭 치며 물었다.

"뭘요?"

"시침 떼긴…. 코이누르 말이야. 로미얄 공이 코이누르를 숨겼다는 사실을 어떻게 알았느냐고?"

"그건, 똥돼지 삼겹살 집에 가기 전엔 절대 말할 수 없어요."

"뭐? 그건 조금 있다가 사 줄 테니 얼른 이번 코이누르 도난 사건에 대해 말해 줘. 나, 그동안 궁금해서 잠도 못 잤다. 자, 봐라. 이 핼쑥해진 얼굴!"

나제일이 두 손으로 얼굴을 감쌌다.

"좋아요. 로미얄 공이 의심스러웠던 건 관상어 때문이에요. 로미얄 공의 관상어 중에 베타가 있었죠. 베타가 성질이 사나워서 다른 물고기들과 함께 키우지 않는 건 기본 상식이에요. 관상어를 좋아해서 영국에서 이곳까지 수족관과 관상어를 가지고 왔다면서 그런 상식을 모르는 건 말이 안 되죠. 그래서 그 수족관에 뭔가 비밀이 있다 생각했어요. 그리고 다이아몬드는 투명해서 빛을 통과시키기 때문에 물속에 넣으면 보이지 않는다는 사실이 떠올랐죠."

"오, 그렇구나. 하긴 나도 네 말을 듣고 생각난 거지만, 전에 물속에 든 유리조각을 못 봐서 손을 벴잖아."

"맞아요. 그리고 로미얄 공이 윌리엄을 소개하며 자기 뒤를 이어, 윌리엄이 보석 디자인과 세공을 한다고 했잖

아요. 그러니 로미얄 공도 보석을 잘 다루겠죠. 왕관에서 진짜 코이누르를 빼내고 가짜 큐빅을 박는 것 정도는 쉽게 하겠다고 생각했죠."

"음. 그런데 왜 끝까지 범인을 밝히지 않은 거냐?"

"로미얄 공은 코이누르를 지키려고 그런 거니까요. 진짜로 코이누르를 훔치려고 했던 건 윌리엄일 거예요. 윌리엄이 계속 전화를 받으러 나갔다고 했죠? 분명히 우리가 식당에서 본 그 인도 사람들에게 팔려고 했을 거예요. 신문에서 보니까 인도와 파키스탄에서 영국에 코이누르를 돌려 달라고 요구하고 있다더군요. 영국이 인도를 식민지로 삼아 지배했을 때 코이누르를 빼앗은 거니까요."

"그렇구나. 그래서 윌리엄이 전시회 내내 우리 방에 숨어 있었군. 인도 사람들을 피해서 말이야. 전시회 직전에 로미얄 공이 코이누르를 찾았다고 해서 '빛의 산'을 훔칠 시간도 없었고."

"그렇죠. 윌리엄은 런던탑에 보관된 코이누르는 훔칠 수 없었을 테니, 이번 전시회를 위해 런던탑을 떠난 코이누르를 이곳에서 훔치려고 했겠죠. 그 사실을 아버지인 로

미얄 공이 눈치챘고 말이죠."

"흠, 그렇구나. 그래서 로미얄 공이 아들보다 먼저 코이누르를 숨겨 둔 것이구나. 그럼 자기 아들이 코이누르를 훔칠 수 없을 테니 말이다."

"그렇죠."

차례로가 고개를 끄덕였다.

"로미얄 공은 우리가 코이누르를 찾은 사실을 알고 있었어."

"네."

"하지만 로미얄 공은 자신이 숨겨 둔 코이누르를 내가 찾았다고 알고 있어. 왜 너는 로미얄 공에게 사실을 말하지 않았니, 내가 아니라 차례로 네가 코이누르를 찾았다고 말이야."

나제일이 물었다.

"누가 찾았는지가 왜 중요해요? 우리 엄마가 그러셨는데요, 자기가 해야 하는 일을 다 했으면 된 거래요. 다른 사람의 칭찬을 받을 필요는 없다고요."

"윤 박사, 아니 네 엄마다운 말이구나."

나제일이 고개를 끄덕이며 미소 지었다.

"그리고 어른들은 어린이를 잘 믿지 않잖아요. 아직 어리니까 할 수 있는 일이 별로 없을 거라고 생각하죠. 아마 로미얄 공에게 제가 코이누르를 찾았다고 말해도 로미얄 공은 믿지 않았을 거예요."

"그래도…."

"덕분에 로미얄 공이 나제일 박사님과 저를 영국으로 초대했잖아요. 저는 그걸로 만족해요."

"흠, 처음으로 네가 좀 기특하구나. 난 네가 잘난 척만 하는 줄 알았는데 말이야."

나제일이 차례로를 칭찬했다.

"저는 늘 기특해요. 늘 생각을 하고 늘 신중하니까요. 그리고 잘난 척이 아니라 실제로 잘났어요. 박사님과는 달리 말이죠."

차례로가 코끝에 걸린 안경을 올리며 말했다.

"으윽! 칭찬, 취소! 넌 역시, 너야!"

나제일이 고개를 저었다.

그때 멀리서 한 남자가 커다란 상자를 잔뜩 실은 짐수레

를 끌고 두 사람을 찾아왔다.

"나제일 박사님이시죠?"

"그렇습니다. 제가 나제일입니다."

"여기… 사인해 주십시오."

그 남자가 나제일에게 서류를 내밀었다. 나제일이 사인을 하자, 이번엔 차례로에게 물었다.

"네가 차례로니?"

"네."

"너도 여기에 이름을 적어다오."

차례로도 남자가 내미는 서류에 사인했다.

그러자 그 남자는 짐수레에서 어마어마하게 큰 상자를 나제일과 차례로에게 각각 안겨 주고는 사라졌다.

"택배입니다."

상자에 붙은 운송장의 받는 사람 칸에는, 나제일과 차례로의 이름이 각각 적혀 있었다. 하지만 보내는 사람 이름은 똑같았다. 차기술, 바로 차례로의 아버지였다.

"아버지가?"

"차 박사가?"

나제일과 차례로는 마주 보았다.

상자에는 이런 메모가 함께 적혀 있었다.

'두 사람에게 꼭 필요한 선물을 발명했음. 절대 버리지 말 것.'

"음. 이것들은 아버지께서 발명하신 장치들이에요. 소머즈귀, 박쥐눈, 투명하지 않은 보온망토, 뼈 손가락 등이죠."

차례로가 자기에게 배달된 상자를 열어 보며 말했다.

"투명망토도 아니고, 투명하지 않은 보온망토라고? 내 생각에 너희 아버지는 세계적인 로봇 박사가 아니라 세계적인 괴짜가 분명하다. 도대체 이런 걸 어디다 쓰라는 거야?"

나제일이 고개를 절레절레 흔들었다. 그리고 자기 상자를 풀었다.

"이게 뭐냐?"

나제일이 상자 안을 물끄러미 들여다보며, 차례

로에게 물었다.

"윽, 그 녀석은 '잔소리 13호'예요. 늘 쫓아다니며 엄마 대신 잔소리를 하죠. 저에게도 작년까지 잔소리 12호가 따라다녔다니까요. 제가 태어났을 때부터 매년 잔소리 1호, 2호처럼 제게 잔소리를 해 주는 로봇을 생일 선물로 만들어 주셨어요."

"뭐? 네 잔소리를 듣기도 귀가 모자란데, 이젠 로봇에게까지 잔소리를 들어야 한다고? 이 택배는 못 받은 셈 치

자. 맞아, 수취인 불명!"

나제일이 상자를 닫으며 말했다. 그러자 상자 안에서 소리가 들렸다.

"잔소리라니? 다 뼈가 되고 살이 되는 엄마의 사랑이지. 얼른 꺼내 줘!"

"앗, 우리 엄마 목소리다!"

나제일이 뒤로 흠칫 물러서며 말했다.

"특별히 아빠가 나 박사님 어머님의 목소리를 입력하셨어요. 참, 잔소리 13호에게 절대 거짓말은 안 통해요. 엄마처럼 내 마음을 꿰뚫어 보거든요."

차례로가 택배 상자에서 잔소리 13호를 꺼냈다.

잔소리 13호는 얼굴은 둥글고 평평한 모니터가 달렸고 불룩한 몸체에 체인처럼 생긴 바퀴를 달고 있었다.

잔소리 13호의 모니터가 켜지며, 점선으로 웃는 눈이 그려졌다.

"앞으로 우리 박사님, 잘 부탁한다."

차례로가 말했다.

"물론. 나, 잔소리 13호는 언제나 나제일 박사를 위해

사랑스러운 충고를 한다. 시작!"

잔소리 13호가 말했다.

"나 박사님, 어린이에게 무거운 짐을 지게 하는 것은 어른의 도리가 아닙니다. 당장 차례로의 배낭과 여행 가방을 들어 주세요. 그리고 운동화에 흙이 묻었어요. 흙을 탈탈 털어서 다시 신으세요. 그리고 얼굴 찡그리지 마세요. 못생겨 보여요. 또 그리고…."

"으악, 싫어. 싫어."

나제일은 두 손을 들고 달아나 버렸다.

"위험, 위험. 나 박사님, 차도로 달리지 마세요. 그리고…."

잔소리 13호는 계속 사랑스러운 충고를 하며 나제일을 뒤쫓았다.

나제일과 잔소리 13호를 보며 차례로가 미소지었다.

"푸흐흐, 앞으로 박사님과 지내는 시간이 점점 더 재미있어지겠는걸! 박사님, 같이 가요!"

차례로도 나제일 박사와 잔소리 13호를 따라 달리기 시작했다.

차례로가 사건을 해결한 결정적 과학 지식

제가 코이누르를 찾을 수 있었던 건, 과학 지식이 풍부하기 때문이에요. 자, 지금부터 여러분께도 그 지식을 알려드리죠.

아시다시피, 코이누르는 **수족관 속**에 있었어요. **물속**에 말이죠.

왜 사람들은 물속에 있는 코이누르를 찾지 못했을까요? 그건 코이누르, 즉 다이아몬드가 안 보였기 때문이지요. 그럼 다이아몬드가 왜 안 보였을까요? 그 이유, 궁금하죠?
그 이유는 **물**과 **다이아몬드**가 모두 **투명**하기 때문입니다.
투명하다는 말은 빛을 반사하지 않고 **통과**시킨다는 거예요.

우리가 사물을 볼 수 있는 건, 빛이 있기 때문이죠. 즉, 우리가 물건을 볼 수 있는 건, 빛이 물건에 닿을 때 물건이 **빛**을 **반사**하기 때문이에요. 빛을 튕겨 내는 거죠. 우리 눈은 튕겨 나온 빛을 보고, 그 물건을 보았다고 생각하는 겁니다.

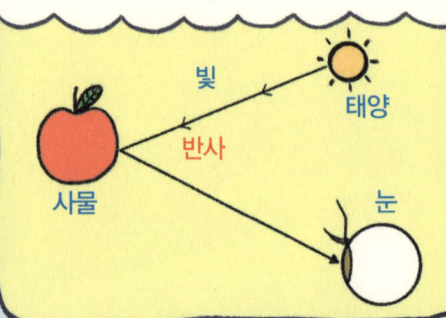

어항에 투명한 다이아몬드가 들어가면 안 보여요.

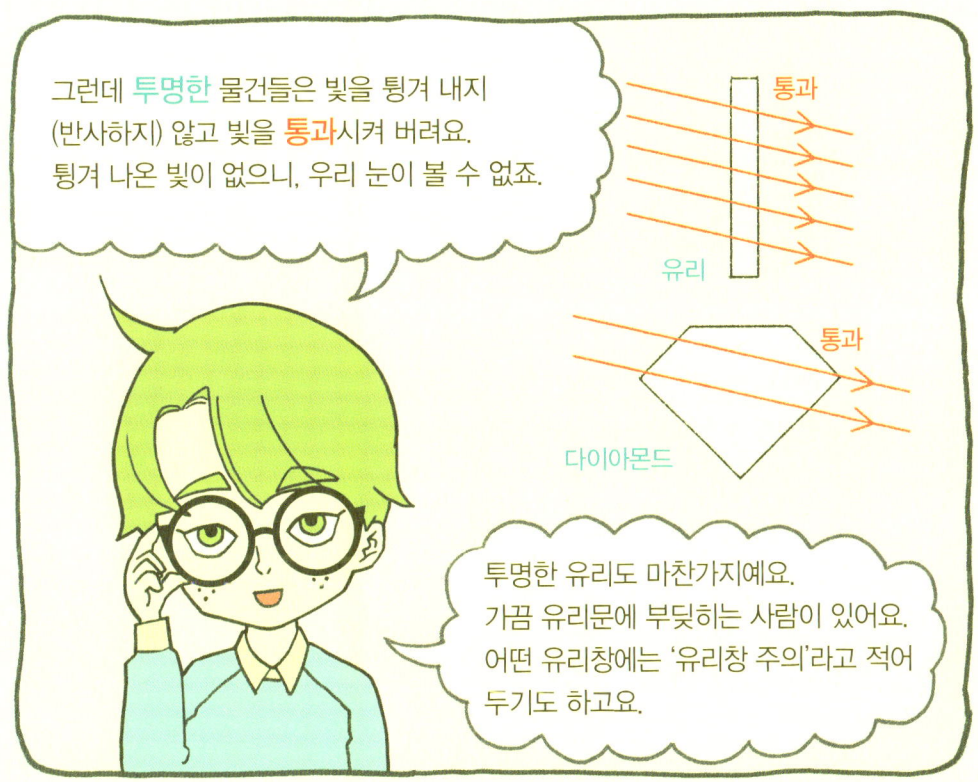

그런데 **투명한** 물건들은 빛을 튕겨 내지 (반사하지) 않고 빛을 **통과**시켜 버려요. 튕겨 나온 빛이 없으니, 우리 눈이 볼 수 없죠.

투명한 유리도 마찬가지예요. 가끔 유리문에 부딪히는 사람이 있어요. 어떤 유리창에는 '유리창 주의'라고 적어 두기도 하고요.

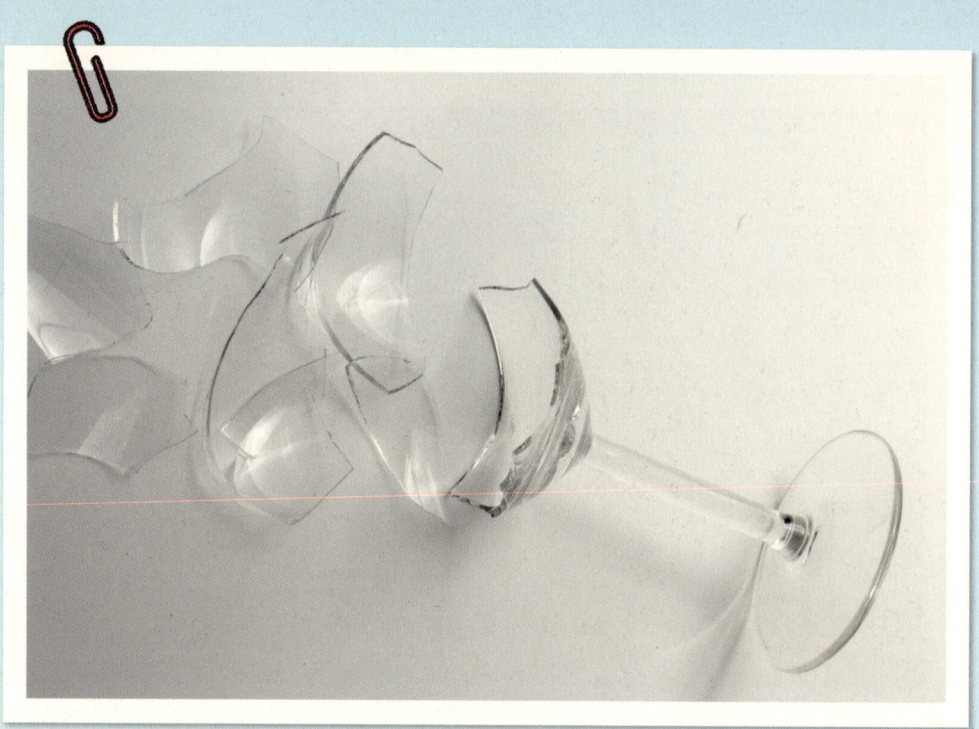

깨진 유리는 위험하답니다.

참, 나제일 박사님이 물속에 있던 유리 조각을 보지 못해서 손을 벤 적도 있었죠. 그건 유리도 다이아몬드처럼 **투명**해서 **빛**을 튕겨 내지 않고 **통과**시키기 때문이에요. 그래서 눈에 보이지 않죠.

역시, 잘났다!